Alfonso
El niño alpinista

Mora Flores

Editorial MUSA

Alfonso, el Niño Alpinista

© Rebeca Meléndez Flores

© Editorial Musa

Ilustración: Axel Camperano

1ª. Edición, 2023.
ISBN: 978-607-59711-8-6

Ciudad de México, México
56 3347 4468
www.editorialmusa.com

Impreso y encuadernado en los Estados Unidos de América

A Alfonso, un alma extraordinaria
que pertenece a las montañas.

El Iztaccíhuatl y el Popocatépetl son dos hermosos volcanes que se encuentran en México.

Cuenta la leyenda que Popocatépetl era un valiente guerrero e Iztaccíhuatl una hermosa doncella que se amaban. Él se fue a la guerra y ella, al pensar que había muerto en combate, se sintió tan desconsolada que murió de tristeza. Popocatépetl regresó sano y salvo, pero, al ver a su amada sin vida, decidió quedarse a sus pies a cuidar su "sueño". Fue así como al pasar de los días, los meses y los años se cubrieron de nieve y se convirtieron en esos dos bellos volcanes.

¿Alguna vez los has visto?

Busca en la página 29 la ilustración correspondiente, recórtala y pégala

Alfonso era un niño cuando los descubrió en el horizonte: cada vez que salía de su casa a la escuela los veía. Algunas veces soñaba que se convertía en un gran alpinista y subía a la parte más alta del Iztaccíhuatl y del Popocatépetl. Lo que no sabía es que esos sueños pronto se volverían realidad.

¿Alguna vez has soñado con subir a la parte más alta de una montaña? ¿Sabías que los volcanes son montañas o cerros por donde sale el magma (roca fundida) de su interior?

Busca en la página 29 la ilustración correspondiente, recórtala y pégala.

Un día su familia recibió visitas inesperadas: sus tíos que vivían en Puebla, muy cerca de los volcanes. A ellos les gustaba mucho explorar montañas, eran alpinistas. Cuando Alfonso los escuchó contar sus historias preguntó si podía acompañarlos un día. Claro que sí -dijeron sus tíos-. La próxima semana irás con nosotros ¡Alfonso se volvería alpinista! ¡Un explorador de verdad!

¿Qué crees que Alfonso puso en su mochila en esa primera excursión?
¿Tú qué llevarías para explorar una montaña?

En la página 31 podrás elegir algunos
.objetos para llevar en tu mochila.

¡Quiero vomitar!, ¡Bájenme de aquí!, ¡Jamás regresaré a este lugar! -gritaba el pequeño Alfonso-. Había llegado, junto con sus aventureros tíos y otros miembros del club de alpinistas al que pertenecían, a la cima del volcán Popocatépetl, llevaban más de ocho horas caminando. Cansado, mareado por los gases que salían del volcán, y arrepentido de haber aceptado tomar esta travesía, Alfonso lloraba y se lamentaba. Su gentil tía le ofreció un té caliente para que se le quitaran los deseos de vomitar. ¡Quiero bajar, quiero bajar! ¡Jamás volveré a subir a una montaña! -se decía a sí mismo-. Solo tenía 12 años. Esa noche durmió en un zarape que usó como saco de dormir.

¿Crees que Alfonso volvió a subir una montaña? ¿Tú subirías a la cima del volcán Popocatépetl como él?

Recorta la imagen de la página 29

José Luis
Raúl
Sergio
Hugo
Alfonso
Gaspar
Chucho
Guillermo
Joel

Alfonso no subió una vez más al Popocatépetl, sino 2, 3, 4, 5... 10... 20, ¡100 veces más lo hizo! El contacto con la naturaleza; los paisajes; el gran esfuerzo de escalar que tiene como recompensa la hermosa vista desde la cima; saber que después de una tormenta vería algo hermoso; sentir el viento helado, suave, ligero o muy intenso; estar solo con tus pensamientos en el ascenso o descenso y, esa sensación de peligro y aventura fue lo que le fascinó a Alfonso de las montañas.

Conforme fue creciendo regresó una y otra vez: exploró el Iztaccíhuatl, el Popocatépetl y otros volcanes y montañas de su país, así como de otros países. Con sus mejores amigos, Raúl, Hugo, Guillermo, Gaspar, Sergio, José Luis, Jesús y Joel vivió las mejores aventuras escalando. Los amigos son muy valiosos y más en la montaña, ya que deben de ir unidos con una cuerda para cuidar que todos estén bien y ayudarse unos a otros a subir esas empinadas y prolongadas laderas.

Siendo joven, Alfonso, junto con sus amigos Raúl, Hugo y Sergio escalaron el monte McKinley que es la montaña más alta de América del Norte y se encuentra en Alaska, Estados Unidos. Cuando iban a la mitad del ascenso, la noche llegó y buscaron un lugar para instalar el campamento: armaron las tiendas de campaña donde dormirían y Alfonso ató su mochila y su equipo de escalar a uno de los postes de la tienda. Estaban muy cansados.

En la mitad de su sueño escucharon un ruido estruendoso… ¡BOOOOM!, ¡era una avalancha de nieve que venía sobre ellos! No pudieron escapar y ¡los cubrió junto con las casas de campaña! Alfonso y Hugo que dormían juntos, rompieron la casa, quitaron con sus manos la nieve que los aplastaba y salieron. Rápidamente buscaron a Raúl y a Sergio; ellos estaban bien, la avalancha no los había cubierto. En ese momento escucharon voces de auxilio: otros alpinistas que se encontraban en el mismo lugar habían perdido a uno de sus compañeros. Fue entonces cuando Alfonso vio su mochila y su equipo que ¡seguían amarrados al poste!

Caminaron apresurados para ayudar a buscar al alpinista. Rascaban con las manos en la nieve hasta que Alfonso encontró... ¡una mano! ¡era del compañero! Los demás siguieron escarbando mientras otros jalaban de la mano. Finalmente, lo lograron sacar, todos estuvieron a salvo y decidieron regresar porque además de haber perdido el equipo de montaña (solo quedaba el de Alfonso), la avalancha se había llevado los alimentos. No podían seguir con la aventura.

Ilumina las imágenes

Si tuvieras que escalar una montaña muy alta ¿qué amigo o amiga te gustaría que te acompañara?

Escribe su(s) nombre(s)

En otra ocasión, Alfonso, Gustavo, Guillermo y otros dos compañeros decidieron escalar nuevamente el volcán Popocatépetl. Aunque siempre iban juntos, esta vez Gustavo decidió explorar otro lugar de la montaña. Mientras seguían adelante escucharon a dos montañistas detrás de ellos que les gritaban a lo lejos: ¡Ayuda compañeros! ¡Hay un alpinista accidentado, se cayó en una grieta! ¡Parece que está herido! Rápidamente, Alfonso y Guillermo fueron a ver lo que pasaba y su peor miedo se hizo realidad: Gustavo era el alpinista que había caído 22 metros y estaba muy lastimado: tenía golpes, cortadas y fracturados varios huesos. Era tan angosta la abertura de la grieta que solo Alfonso, que era el más delgado, con la ayuda de Guillermo y los otros amigos pudo descender por ella para auxiliar al alpinista herido. Tardaron muchas horas para sacarlo, fue muy difícil, pero entre todos lo lograron.

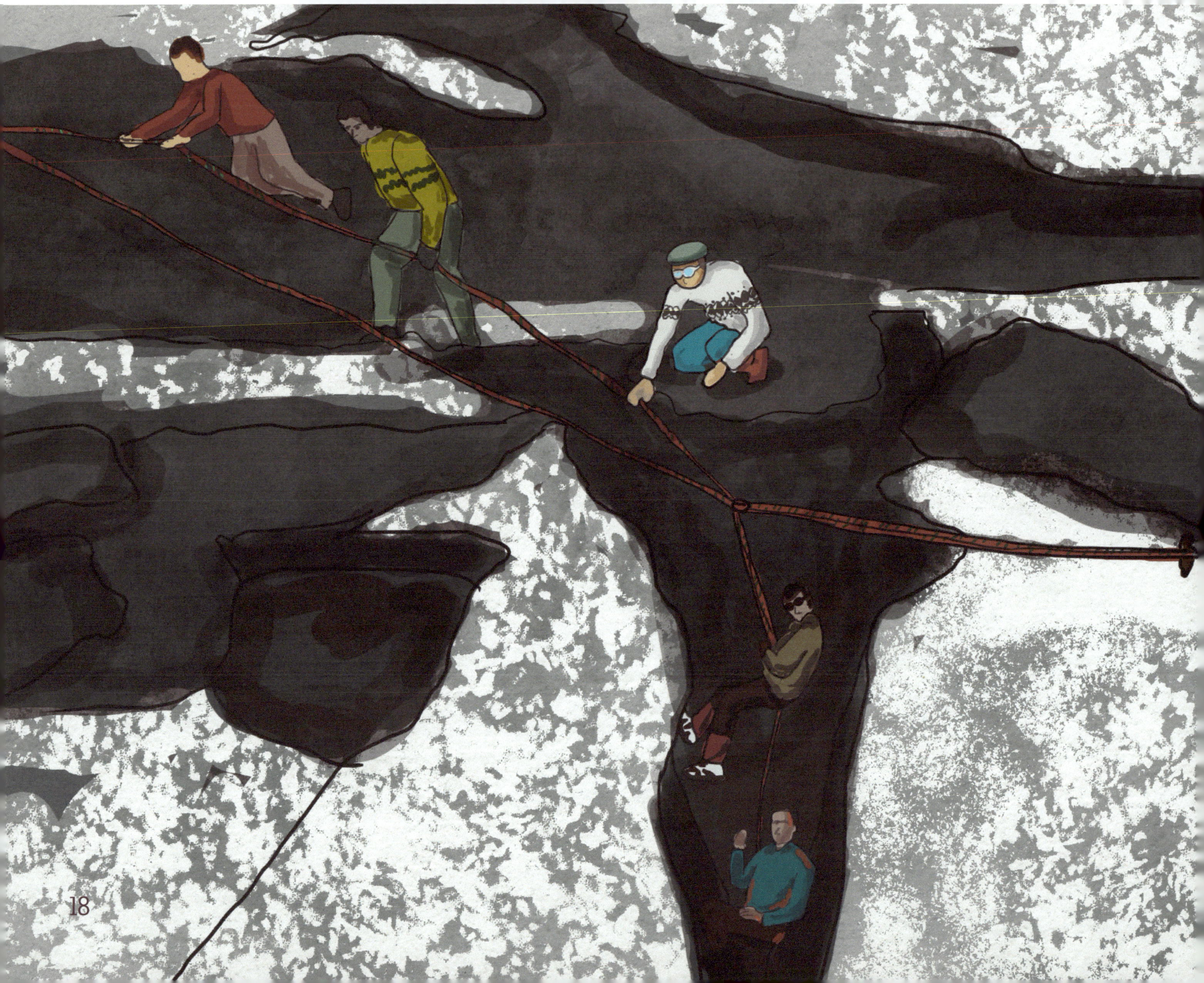

Construyeron una camilla con los materiales que llevaban y ¡lo cargaron por casi once horas hasta la base del volcán!, ahí recibieron ayuda de los rescatistas que lo trasladaron a un hospital. Finalmente, Gustavo se recuperó de sus heridas gracias a la ayuda pronta de sus amigos.

¿Tú dejarías a un amigo o amiga
mal herida en la montaña?

SÍ   No

CON LAS MONTAÑAS EN EL CORAZÓN

Alfonso vivió muchas aventuras más, pero ahora ha dejado de escalar montañas: un problema con su visión le ha dificultado seguir haciendo lo que tanto ama: caminar hacia las cimas. Lo hizo desde los 12 años y por casi 60 años más...

En las montañas conoció a sus mejores amigos y descubrió la importancia de la amistad, la solidaridad, la constancia, la valentía y la vida misma.

Sin embargo, Alfonso y sus amigos aún se reúnen a tomar café y a recordar todas sus hazañas. Si un día visitas su linda casa, verás un ventanal muy grande y colorido con los volcanes que lo conquistaron desde niño, el Iztaccíhuatl y el Popocatépetl: el valiente guerrero sigue cuidando a su hermosa doncella.

¿Te gustaría ser alpinista
como Alfonso?

SÍ   No

COSAS QUE VIO ALFONSO EN LAS MONTAÑAS CUANDO ESCALABA

La bóveda celeste

La cima de otras montañas

Tormentas de nieve

Avalanchas de nieve

Nubes (muy cerquita y en sus pies)

Nieve

El sol y la luna

Otros alpinistas

Tormentas eléctricas

Avalanchas de roca

Un ovni

Recuerdos que dejan los alpinistas cuando llegan a la cima como banderas, mensajes, libro de registros, etc.

Árboles, matorrales, plantas y flores

Animales: conejos, venados, gavilanes, víboras y ardillas

- Mochila

- Saco de dormir (sleeping bag)

- Casa de campaña

- Vestimenta apropiada

- Equipo y herramientas: cuerda, casco, arnés, botas para montaña, crampones, piolet, mosquetones, lampara frontal, bastón, martillo-piolet, etc.

- Botiquín de primeros auxilios

- Estufa (parrilla)

- Trastos

- Cerillos

- Agua y alimentos

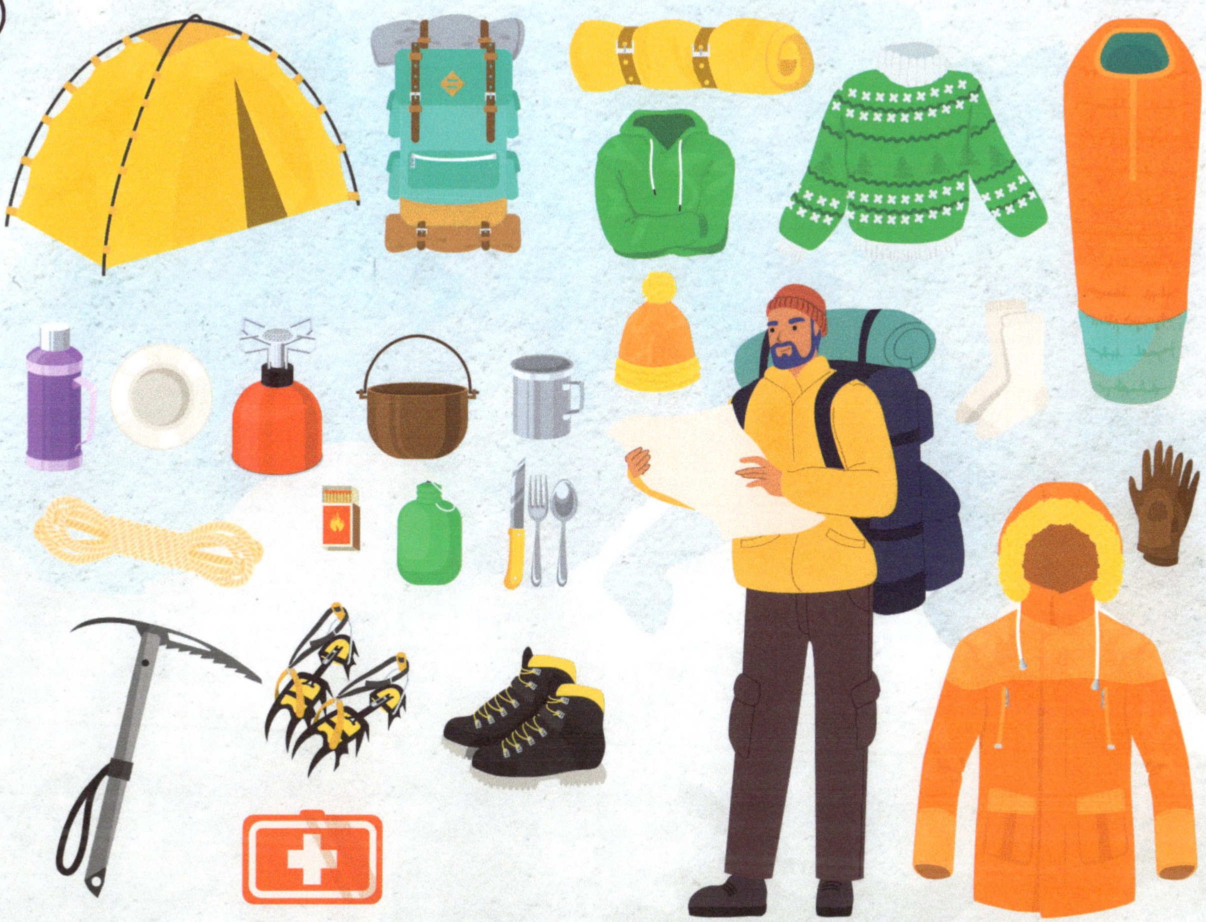

PREGUNTAS QUE SE HACÍA ALFONSO ACERCA
DE LOS ALPINISTAS CUANDO ERA NIÑO:

¿Qué llevan en su mochila?

¿Qué comen en la montaña?

¿Se bañan, dónde hacen del baño?

¿Dónde y cómo duermen?

¿Qué herramientas usan para escalar?

Si se cansan y ya no quieren seguir ¿qué hacen?

¿Qué se siente llegar a la cima de una montaña?

¿DE QUÉ OTRA FORMA SE LE DICE A UN/A ALPINISTA?

Montañista	Escalador/a
Montañero/a	Excursionista
Montañés/a	Explorador/a

CATORCE ALPINISTAS DE MÉXICO QUE HAN LLEGADO A LA CIMA DEL MONTE EVEREST, UNO DE LOS MÁS ALTOS DEL MUNDO

Mujeres

1. Elsa Ávila
2. Karla Wheelock
3. Badía Bonilla
4. María del Carmen Peña Monroy
5. Laura González del Castillo
6. Eva Martínez
7. Viridiana Álvarez

Hombres

1. Ricardo Torres Nava
2. Carlos Carsolio
3. Alfonso de la Parra
4. Héctor Ponce de León
5. Andrés Delgado
6. Carlos Guevara
7. Demetrio Carrasco

¡TÚ TAMBIÉN PUEDES LOGRARLO!

Recorta los objetos y
pégalos en la página
que corresponde.

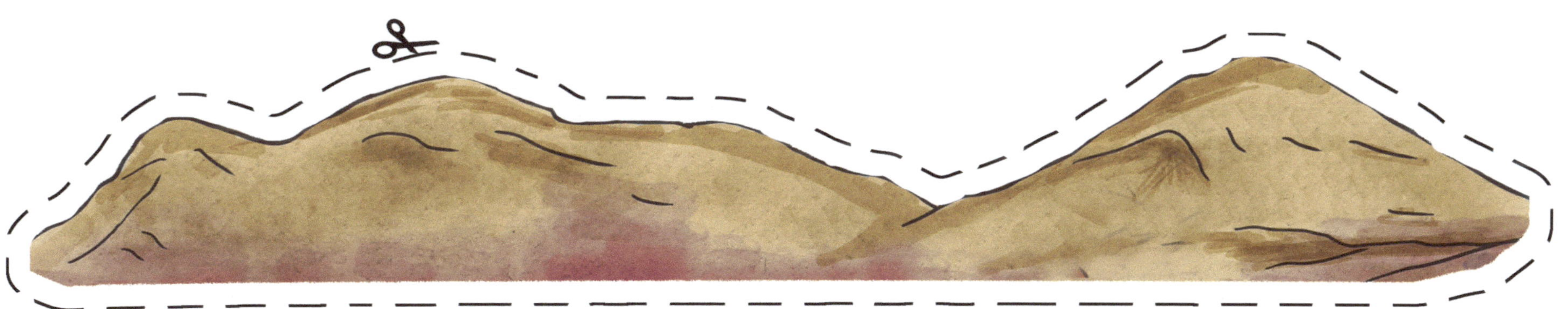

Recorta los objetos
y colócalos junto a la
mochila en la página 11.